Poesia Original

O IDIOMA DA MEMÓRIA

o idioma da memória

MÁRCIO KETNER SGUASSÁBIA

Poemas

1ª edição, São Paulo, 2024
1ª Reimpressão 2025

LARANJA ORIGINAL

aos que ouvem,
o que houve.

porque isto somos:
sucessão de ontens

porque cheiro de manacá
só se guarda em poema

porque guardar
é pessoal mistério:
em cada amuleto
o rosto do dono

porque pisamos o tempo
enquanto houver espaço

porque o museu
que nos habita
respira

porque respirar
é **matéria-prima**
para resistir

jabuticabeira:
o rosto da infância exposto
pela vida inteira

cartilha

a vogal que parecia
ligada à morte era a U:
se faltava na poesia
sobrava até no urubu

escola

o flerte quieto entre pedra e campo
virou inércia

o carinho do vento na nuca do morro
erosão

o namoro do sol com as folhas do mato
fotossíntese

o beijo estalado do fogo na madeira
combustão

bem antes de aprender a dirigir
ou de tomar qualquer bebida alcoólica
adulto pra gente era quem sabia
cascar de uma só vez toda a laranja
passar no corredor já todo escuro
ou ir dormir sem nem ouvir história

trânsito

no tráfego
dos olhos
pela estante
cada lombada
me recorda
uma viagem
diferente

terraço

onde as histórias se sentam
e as conversas tomam sol

vela

então era isso
que fazia os santos dançarem
quando ela apagava a luz?

junho

sei dele
mais pelo cipó-de-são-joão
na beira da estrada
que pelo calendário

cerrado

a escoliose
e a casca dura
das árvores
fazem delas
gente nossa

capricho

o sorriso de vó olga
Deus criou no dia de folga

altivez

zé quando conversa
olha pra frente
seja assunto que
conhece
ou só pressente

truco

tião ganhava
não no grito

nos sinais

tempestade

ramo bento
ardendo em fogo
devagar

o tormento
a bisa logo
faz passar

caçada

"— vagalume tem-tem
seu pai tá aqui
sua mãe também"

assim conduzia um mais-velho
(o toco em brasa nas mãos
para enganar os bichinhos)

e nós meninos atrás encantados
por poder colecionar
estrelas nos potinhos

adão

moendo cana
em silêncio me dizia
quanta doçura
deve-se ofertar ao dia

cerâmica

a mão de aguimar sobre o barro —
contato entre dois semelhantes

conto de fadas

pudim
bolo
curau
paçoca
goiabada
ambrosia

casa de doces
pra mim sempre foi
a de joão e maria

uirapuru

a saudade canta
o resto silencia

caso pensado

sempre que o joão
esquecia sua boina
no sofá de nossa casa
eu ia até a dele
para devolvê-la em mãos

nisso
ele me via duas vezes

exercício de fé

pra cada santo sobre a cômoda
meu avô ofertava cem pedaladas
na bicicleta ergométrica

transfiguração

disseram que joão virou estrela
não aceitei

pedi a Deus
fazer dele
um pé de amora

estrela fica muito longe

refúgio

quando me falta a coragem
bate uma vontade insana
como ela só

de ir morar lá na paisagem
pintada nas porcelanas
de minha avó

alquimia

ela sabia de cor
o que pra dores agudas
mais curava

e na linguagem da flor
fazia falar as mudas
que plantava

contagem regressiva

três ovos três colheres de manteiga
dois copos de açúcar dois de trigo
um de leite pó royal chocolate e só
já tá pronto o bolo
quedê a vó?

legado

deixar-me ir
mas sem sair
dos eixos

vem do fascínio
de meu pai
por discos

e do encanto
de minha mãe
por carrosséis

tatuagem

anna

gravo seu nome
no verso
por meu corpo
ser finito

quaresma

na brincadeira de estátua
eu sempre perdia pros santos da matriz
mesmo que a missa durasse horas

mas a revanche veio
no dia do esconde-esconde
quando saí achando um por um
sob panos roxos

miragem

as mãos marceneiras de miguel
cunhavam o semblante da esposa
na virgem maria do presépio

padre otávio

de meus pais e meus avós
ele fez o casamento

a mim foi de Deus a voz
no primeiro sacramento

procissão do senhor morto

a dor
n o
andor

matéria

as coleções
me co-lecionavam

        d i a
            a
        d i a
        d   a n o
            a
        d   a n o
            a
c o t   a
        d   o
c o t i d i a n o

espólio

os bens
mostram
os maus

óculos

um sopro sobre o café
e o dia se esconde dos olhos

cidade

se falta comprimento
sobra cumprimento

16 de outubro

as palmas em frente à casa
o silêncio
a chaleira que era um vaso
a vizinha
o convite para a espera
o passeio

a rua da antiga escola
as hortênsias
a quadra as salas de aula
os amigos
o riso que ainda se escuta
o cartaz

a tarde passada a chuva
o sossego
o cão recebendo a dona
a criança
os carcarás as galinhas
os pardais

a praça larga e redonda
as pitangas
a marca da mão no muro
o retorno
a visita que não houve
o depois

filtro

de cada manhã
uma chance

de todo abraço
a verdade

de toda palavra
um alcance

de cada gesto
a saudade

tia emília tinha um caderninho
onde marcava os aniversários
de cada sobrinho
durante as quatro gerações
que acompanhou

na fila da farmácia uma vez
me segredou:
gostava de guardar consigo
o começo de todos nós

ninguém avisou às flores do jardim
que **dona adélia** tinha morrido
talvez por isso elas ainda sustentem
o perfume e a imponência
pensando que ela só demora
na fila do supermercado

matraca

o compasso do luto na santa semana
tinha o ritmo da vontade no resto do ano
quando o tio passava vendendo biju

violão

a primeira cintura
que abracei

rede

dorivagando pelo mar sem fim
caí-me mesmo foi dentro de mim

cenário

os oitis
o sítio
só

fazenda

no que restou da grande e velha casa
avizinham-se aranhas e silêncios

de cada palmo
o mato tomou posse
por direito

a taboa escondeu
com o corpo estreito
o rosto pantanoso do açude

o chão já não se lembra mais
do peso das patas do gado

mas entre as duas fileiras imponentes
do exército imóvel dos coqueiros
um caminho resiste
e conduz

pra onde?

daffodil

pra alice

a flor dentro da flor
se curva
sem lhe deixar cair
a coroa

a flor dentro da flor
se inspira
no gesto de apaixonada
pessoa

a flor dentro da flor
se mira
na face espelhada
da lagoa

horta

a cerca de bambu
ensinava às paredes
como proteger sem sufocar

neblina

de joelhos
o céu acorda o campo
com um beijo

cutucando eros

— psi
— quê?

tomar emprestado
tudo o que souber
ser imagem
memória
sensação

agarrar-se às mesmas letras
dedicar-se às mesmas dúvidas
pisar o impossível chão

guardar a essência
colher o momento
sem se deixar esquecer
que poesia
é **devolução**

agradecimento:

para olga e adão, fontes de mãe
e maria e joão, fontes de pai

p.s.: o título deste livro mora no primeiro conto do livro muqueta, *de jorge ialanji filholini.*

sertão da farinha podre, verão de 2024.

Índice de poemas

COLEÇÃO POESIA ORIGINAL

Quadripartida	PATRÍCIA PINHEIRO
couraça	DIRCEU VILLA
Casca fina Casca grossa	LILIAN ESCOREL
Cartografia do abismo	RONALDO CAGIANO
Tangente do cobre	ALEXANDRE PILATI
Acontece no corpo	DANIELA ATHUIL
Quadripartida (2ª ed.)	PATRÍCIA PINHEIRO
na carcaça da cigarra	TATIANA ESKENAZI
asfalto	DIANA JUNKES
Caligrafia selvagem	BEATRIZ AQUINO
Na extrema curva	JOSÉ EDUARDO MENDONÇA
ciência nova	DIRCEU VILLA
eu falo	ALICE QUEIROZ
sob o sono dos séculos	MÁRCIO KETNER SGUASSÁBIA
Travessia por	FADUL M.
Tópicos para colóquios íntimos	SIDNEI XAVIER DOS SANTOS
Caminhos de argila	MÁRCIO AHIMSA
apenas uma mulher	ALICE QUEIROZ
a casa mais alta do coração	CLARISSA MACEDO
Pidgin	GABRIELA CORDARO
deve ser um buraco no teto	CAMILA PAIXÃO
caligrafia	ALEXANDRE ASSINE
kitnet de vidro	DIULI DE CASTILHOS
o idioma da memória	MÁRCIO KETNER SGUASSÁBIA

www.laranjaoriginal.com.br

Edição	Bruna Lima
Projeto gráfico	Marcelo Girard
Produção executiva	Bruna Lima
Diagramação	IMG3

Dados Internacionais de Catalogação na Publicação (CIP)
(Câmara Brasileira do Livro, SP, Brasil)

Sguassábia, Márcio Ketner
O idioma da memória / Márcio Ketner Sguassábia.
– São Paulo : Editora Laranja Original, 2024.
– (Poesia original)

ISBN 978-85-92875-80-0

1. Poesia brasileira I. Título. II. Série.

24-219664 CDD-B869.1

Índices para catálogo sistemático:
1. Poesia : Literatura brasileira B869.1
Eliane de Freitas Leite - Bibliotecária - CRB 8/8415

Laranja Original Editora e Produtora Eireli
Rua Isabel de Castela, 126
05445-010 São Paulo SP
contato@laranjaoriginal.com.br

Papel Pólen Bold 90 g/m²/ *Impressão* Psi7 / *Tiragem* 100 exemplares